BEI GRIN MACHT S
WISSEN BEZAHLT

- Wir veröffentlichen Ihre Hausarbeit,
  Bachelor- und Masterarbeit

- Ihr eigenes eBook und Buch -
  weltweit in allen wichtigen Shops

- Verdienen Sie an jedem Verkauf

Jetzt bei www.GRIN.com hochladen
und kostenlos publizieren

Corinna Roth

Konfliktstrukturen in Friedrich von Schillers "Kabale und Liebe"

GRIN Verlag

Bibliografische Information der Deutschen Nationalbibliothek:

Die Deutsche Bibliothek verzeichnet diese Publikation in der Deutschen National-
bibliografie; detaillierte bibliografische Daten sind im Internet über http://dnb.d-
nb.de/ abrufbar.

Impressum:

Copyright © 2005 GRIN Verlag GmbH
Druck und Bindung: Books on Demand GmbH, Norderstedt Germany
ISBN: 978-3-656-44701-6

Dieses Buch bei GRIN:

http://www.grin.com/de/e-book/82255/konfliktstrukturen-in-friedrich-von-schillers-
kabale-und-liebe

GRIN - Your knowledge has value

Der GRIN Verlag publiziert seit 1998 wissenschaftliche Arbeiten von Studenten, Hochschullehrern und anderen Akademikern als eBook und gedrucktes Buch. Die Verlagswebsite www.grin.com ist die ideale Plattform zur Veröffentlichung von Hausarbeiten, Abschlussarbeiten, wissenschaftlichen Aufsätzen, Dissertationen und Fachbüchern.

Besuchen Sie uns im Internet:

http://www.grin.com/

http://www.facebook.com/grincom

http://www.twitter.com/grin_com

TU Chemnitz
Deutsche Literatur der Neuzeit
Sommersemester 2005
Hauptseminar: Literatur des Sturm und Drang

Konfliktstrukturen in Friedrich von Schillers *Kabale und Liebe*

26. September 2005

Corinna Roth

7. Semester, MA Germanistik/Anglistik/Amerikanistik

Inhaltsverzeichnis

1 Luise Millerin als Zentrum des Stückes

Friedrich von Schiller benannte sein bürgerliches Trauerspiel, das später auf den Vorschlag Ifflands hin in *Kabale und Liebe* umbenannt wurde, ursprünglich nach der Hauptfigur *Luise Millerin* (vgl. Alt 1994, 271), was auch ihre Stellung im Drama verdeutlicht. Mit der Umbenennung des Stückes rückte Luises bedeutende Rolle in den Hintergrund. Der Titel *Kabale und Liebe* lenkt die Aufmerksamkeit des Lesers automatisch in eine andere Richtung: die der Intrigen und natürlich auch der Liebe. Das wiederum erklärt die Spannbreite der Lesarten, die von politisch über soziologisch und psychologisch bis hin zu theologisch reicht (vgl. Janz 1976, 208), wobei in den meisten Interpretationen die Lesarten scharf voneinander abgegrenzt sind, die Deutungen sich sogar bis zur Ausschließlichkeit widersprechen (vgl. Koopmann 1986, 286). Zugegeben, es bedarf des mehrmaligen Lesens, um die Vielschichtigkeit des Stoffes und der Figuren zu erfassen. Der erste Eindruck verkehrt sich bei genauer Betrachtung oft ins Gegenteil: der Konflikt zwischen Bürgertum und Adel, der in der Regel Thema des bürgerlichen Trauerspiels ist, erweist sich vielmehr als ein Konflikt innerhalb des bürgerlichen Standes; scheinbar positive Charaktereigenschaften der Figuren entpuppen sich als negativ. Ähnlich verhält es sich mit der Hauptfigur Luise Millerin, die in ihrem Wesen still und unauffällig ist und damit auf den ersten Blick weniger präsent erscheint als zum Beispiel ihr Vater, der Geiger Miller, der bereits in der ersten Szene sehr laut und deutlich seine Meinung kundgibt. Die vorangegangenen Forschungen untersuchten den Stoff ausschließlich auf die oben genannten Gehalte, ließen dabei jedoch außer Acht, dass sich das gesamte Stück um Luise und ihre Konflikte herum aufbaut.

Ziel meiner Arbeit ist es, dass Drama ausgehend von der Hauptfigur Luise einmal neu zu beleuchten und die inneren sowie die zwischenmenschlichen Konflikte, anhand einer vorherigen Charakterisierung der Figuren, aufzuzeigen. Darüber hinaus möchte ich beweisen, dass sich ein vollständiges Bild nur dann ergibt, wenn bei der Betrachtung alle Komponenten, politische, soziologische, psychologische sowie theologische, als Einheit berücksichtigt werden – in Zusammenwirkung mit der bedeutenden Rolle Luises.

2 Konfliktstrukturen

Aus Übersichtlichkeitsgründen werde ich eine grobe Strukturierung vornehmen, obwohl die einzelnen Konflikte ineinander übergehen und miteinander verbunden sind, was eine scharfe Trennung sehr schwer macht. Zuerst werde ich Luises inneren Konflikt, der aus der engen Vater – Tochter – Beziehung resultiert, analysieren. Dieser bildet den Ausgangspunkt meiner Untersuchung. Anschließend werde ich die zwischenmenschlichen Konflikte näher betrachten, wobei Luise jeweils im Blickpunkt stehen soll.

Dazu ist es notwendig, den Personenbestand zu unterteilen. Zu den Hauptfiguren gehören: Miller („biederer Hausvater"), Luise („gefallene Tochter"), Ferdinand („adliger Liebhaber"), sowie der Präsident. Zu den Nebenfiguren zählen: Millerin („ehrgeizige Mutter"), Wurm („skrupelloser Intrigant"), Lady Milford („höfische Mätresse"), sowie der Hofmarschall von Kalb (Alt 1994, 270).

Darüber hinaus werde ich analysieren, ob man in den einzelnen Kapiteln von einem Konflikt zwischen den Ständen oder von einem Konflikt innerhalb des jeweiligen Standes sprechen kann.

2.1 Die Vater – Tochter – Beziehung und Luises daraus resultierender innerer Konflikt

Anhand der Analyse des Stoffes zeigt sich, dass es kaum möglich ist, die Vater – Tochter – Beziehung und Luises daraus resultierenden Konflikt voneinander getrennt zu betrachten. Aus diesem Grund werde ich das Problem als Ganzes untersuchen.

Eine kurze Charakterisierung Millers muss meiner Untersuchung vorausgehen, da Miller maßgeblich verantwortlich für den Konflikt seiner Tochter ist. Der Geiger Miller entspricht voll und ganz dem oben erwähnten Bild des „biederen Hausvaters" (ebd., 270). Auf den ersten Blick ist er ein treusorgender Familienvater, der die Hände über die Tochter hält und nur auf ihr Bestes bedacht ist. An seiner Absicht möchte ich nicht zweifeln, nur stellt sich sehr bald heraus, dass seine Vorstellungen, die er auch durchzusetzen weiß, mit denen von Luise kollidieren. Genau genommen ist Millers Charakter weit weniger makellos als es auf den ersten Blick scheint und man von einem Vertreter des Bürgertums erwartet. Alt (ebd., 283, Kopfnote im Original) charakterisiert ihn wie folgt:

Mit „Gott wie mit Geld (...) gleich schnell zur Hand" 102, ist der alte Miller keineswegs Repräsentant neuer, womöglich revolutionärer Ideale, vielmehr ein sparsamer Hausvater, der Biedersinn und moralische Grundsätze zu verbinden sucht. Daß seine sittlichen Prinzipien überaus anfechtbar sind, beweist er am Schluß durch die Reaktion auf das Geldgeschenk Ferdinands, das ihm zumindest vorübergehend den gesunden Menschverstand raubt [...].

Der für meine Begriffe eher milden Illustration von Alt steht Koopmanns (1986, 287) weit kritischere Ansicht gegenüber:

Vater Miller entlarvt sich als korrumpierter Bürger, der nicht nur von allen guten Geistern, sondern vor allem von seiner eigenen Moral verlassen worden ist, als der unmoralisch gewordenen Hausvater, der sein ökonomisches Vokabular schnell zur Hand hat, wenn es darum geht, seinen Besitz zu wahren.

Letzter Meinung möchte ich mich anschließen. Beide Zitate beziehen sich größtenteils auf einen späteren Punkt des Trauerspiels. Am Anfang stehen Millers im Grunde positive moralischen Prinzipien, die durch die Art und Weise ihrer Anwendung bei Luise jedoch ein vernichtendes Mittel sind. Bereits in der ersten Szene des ersten Aktes gibt Miller seiner Frau, die die Wahl Luises durchaus billigt, deutlich zu verstehen, dass er mit allen Mitteln versuchen wird, die zarte Bindung seiner Tochter mit dem Major auseinander zu bringen: „Darum, just eben darum muß die Sach' noch heut auseinander" (Schiller 1784, 5)! Die Äußerung lässt ahnen, dass der weitere Verlauf nicht ohne Komplikationen bleiben wird. Er räumt der Tochter zwar die Freiheit ein, dass sie einen Mann, den sie nicht will, ablehnen kann, jedoch darf sie den, den sie will, nicht nehmen (vgl. Janz 1976, 231). Miller ist der Geldverdiener, von dem sowohl Mutter als auch Tochter ökonomisch abhängen. So wie er auf der einen Seite seine moralischen Grundsätze durch das Vokabular der Religion ausdrückt und damit Luise immer wieder an ihre Pflichten als Tochter erinnert, so teilt er ihr auf der anderen Seite seine (ökonomischen) Besitzansprüche deutlich mit:

Du siehst, mein Haar fängt an grau zu werden. Die Zeit meldet sich allgemach bei mir, wo uns Vätern die Kapitale zustatten kommen, die wir im Herzen unsere Kinder anlegten. – Wirst du mich darum betrügen, Luise? Wirst du dich mit dem Hab und Gut deines Vaters auf und davon machen (Schiller 1784, 73)?

Mit dieser Aussage macht er deutlich, dass er Luise „als Vermögen im buchstäblichen Sinn" (Janz 1976, 222) betrachtet. Da der bürgerliche Miller kein materielles Vermögen besitzt, sieht er in seinem Kind „sein einziges Vermögen, dessen Wert mit ihrer Heiratsfähigkeit, das heißt mir ihrer Unschuld steht und fällt"

(ebd., 222). Es besteht kein Zweifel daran, dass er aus väterlicher Liebe um seine Tochter besorgt ist. Er wünscht sich einen „ehrbaren" (Schiller 1784, 4) bürgerlichen Schwiegersohn, was ein durchaus verständlicher und nachvollziehbarer Wunsch eines Vaters für seine Tochter ist. Gleichzeitig soll der Schwiegersohn aber auch als Millers „Kundschaft" (ebd., 4) dienen. Diese Überlegung ist ein weiterer Beweis für sein materialistisches Denken. Janz (1976, 222) schreibt in diesem Zusammenhang treffend:

> Das symbolische Gut Tugend hat zunächst materielle Güter zu ersetzen. Die Tochter, die Miller ausdrücklich als seine >Arbeit< bezeichnet, in der er sich selbst verwirklicht sieht, soll in ihrer Tugend das Zeichen bürgerlicher Ehrbarkeit sein, die der Reichtum belohnt. Fehlt Miller der Reichtum, so soll die tugendhafte Tochter der Familie doch versichern, dass sie des Reichtums würdig wäre.

Luise soll ihm die „Arbeit" (Schiller 1784, 35), die er in sie investiert hat zurückerstatten, indem sie ihre Unschuld für einen Mann bewahrt, den mehr oder weniger ihr Vater für sie aussucht. Miller – „ökonomischer Herr über die Tochter, [...] Mitbesitzer ihres Herzens, des Inbegriffs ihrer Individualität (Janz 1976, 223). Diese Vorstellung, die er zweifellos ernst meint, hält sich die Waage mit der väterlichen Besorgnis. Für mein Empfinden gehen diese Rückforderungsansprüche eindeutig zu weit. Wo Miller Verständnis für seine Tochter aufbringen und sie in der für sie ohnehin schon schwierigen Situation unterstützen sollte, antwortet er ihr mit Egoismus und Druck. Sein negatives Bild wird dadurch abgerundet, dass er sich zur Durchsetzung seiner Vorstellungen immer wieder auf die Bibel beruft, zum Beispiel als Luise ihn mit ihrem geplanten Selbstmord konfrontiert: „Gib acht, ob du dich da nicht verrechnest, mein Kind! Werden wir uns dort wohl noch finden" (Schiller 1784, 73)? Die Religion als Druckmittel, dessen er sich durch das gesamte Drama immer wieder erfolgreich bedient – erfolgreich deshalb, weil es bei der streng religiös erzogenen Luise nur wirken kann - versagt an dem Punkt, als sie keinerlei Ausweg mehr aus ihrer Situation sieht. Als er sich dessen bewusst wird, setzt er ein noch wirksameres Mittel obendrauf, um sie vom Selbstmord abzuhalten. Er erinnert seine Tochter an „die innere Bindung an den Vater, diese primäre Beziehung eines Menschen [...]" (Koopmann 1986, 297)und erreicht damit sein Ziel. Zugleich versetzt er der Liebesbeziehung den Todesstoß: „Wenn die Küsse deines Majors heißer brennen als die Tränen deines Vaters – stirb" (Schiller 1784, 74)! Koopmann (1998, 376) stellte fest, dass er in seinem absolutistischen Besitzanspruch auf Luise Ferdinand durchaus ebenbürtig ist, was „eine sonderbare Komplizenschaft zwischen

Miller und Ferdinand" schafft. Gegen Ende des Stückes zeigt Miller dann sein wahres Gesicht: er bleibt seinen moralischen Prinzipien in Anbetracht von Ferdinands Geldgeschenk nicht treu. Mehr noch, Miller reagiert völlig euphorisch:

> Mein also! Mein! Mit des guten Gottes Wissen und Willen mein! Weib! Tochter! Viktoria! Herbei! Aber du lieber Himmel! Wie komm' ich denn so auf einmal zu dem ganzen grausamen Reichtum? [...] Aber dem Mädel soll der Segen bekommen; was ich ihr nur an den Augen absehen kann, soll sie haben – Und soll mir Französisch lernen aus dem Fundament, und Menuettanzen und Singen, dass man's in den Zeitungen lesen soll; und eine Haube soll sie tragen wie die Hofratstöchter und einen Kidebarri, wie sie's heißen, und von der Geigerstochter soll man reden auf vier Meilen weit – (Schiller 1784, 81 f.).

Droht er anfangs seiner Frau noch damit, ihr das Violoncello auf dem Kopf zu zerschlagen, weil sie den sozialen Aufstieg ihrer Tochter unterstützen will, so steht ihr Miller am Ende mit seiner Reaktion auf das Gold in nichts nach. Dadurch verkehrt sich sein Charakter, dessen Fassade im Verlauf der Handlung ohnehin zunehmend abbröckelte, noch vollständig ins Gegenteil.

Die dritte Szene des ersten Aktes, die Luise, die „gefallene Tochter" (Alt 1994, 270) ins Drama einführt, demonstriert vor allem die Beziehung zu ihren Eltern, besonders zu Miller. Aus der Kirche kommend, noch bevor sie die bürgerliche Stube betritt, ist sie sich zum einen ihrer Liebe zu Ferdinand bewusst, zum anderen wird ihr klar, dass ihre tiefen Gefühle sie in einen Konflikt mit ihrer religiösen Erziehung und ihrer Bindung an den Vater und „der von ihm vertretenen Ordnung" (Alt 1994, 283) bringen. Es ist bezeichnend, dass Luise unmittelbar nachdem sie ihr Elternhaus betritt, ihre Mutter, die eine sehr untergeordnete Rolle spielt, nach der Anwesenheit Ferdinands fragt. Sie hätte ebenso gut Miller fragen können, denn er begrüßt sie zuerst. Aus der sich anschließenden Unterhaltung mit ihm lassen sich Luises Eigenschaften schlussfolgern: sie ist duldsam, genügsam, gehorsam und untergeben – Eigenschaften, die allesamt das Resultat der autoritären Erziehung ihres Vaters sind und die zugleich zeigen, dass Luise schon aus ihrer Erziehung heraus nicht in der Lage sein kann, ihre Persönlichkeit zu entfalten. Wenn sie sich selbst als „schwere Sünderin" (Schiller 1784, 8) bezeichnet, stellt sich mir sofort die Frage, ob es tatsächlich ihre eigenen moralischen Grundsätze – nicht vielmehr die des Vaters – sind, die ihr zu dieser Erkenntnis verhelfen. Anhand der folgenden Szene werde ich versuchen, alle Aspekte meiner Fragestellung zu betrachten:

O ich bin eine schwere Sünderin, Vater! [...] Ich versteh' Ihn, Vater – fühle das Messer, das Er in mein Gewissen stößt; aber es kommt zu spät. – Ich habe keine Andacht mehr, Vater – der Himmel und Ferdinand reißen an meiner blutenden Seele, [...] Ich will ja nur wenig – an ihn denken – das kostet ja nichts. Dies bisschen Leben – dürft' ich es hinhauchen in ein leises schmeichelndes Lüftchen, sein Gesicht abzukühlen! – Dies Blümchen Jugend – wär' es ein Veilchen, und er träte drauf, und es dürfte bescheiden unter ihm sterben! – Damit genügte mir, Vater! Wenn die Mücke in ihren Strahlen sich sonnt – kann sie das strafen, die stolze majestätische Sonne? [...] Auch will ich ihn ja jetzt nicht, mein Vater! Dieser karge Tautropfe Zeit – schon ein Traum von Ferdinand trinkt ihn wollüstig auf. Ich entsag' ihm für dieses Leben. Dann, Mutter – dann, wenn die Schranken des Unterschieds einstürzen – wenn von uns abspringen all die verhassten Hülsen des Standes [...] (ebd., 8 f.).

Luise kennt ihre Wünsche, sie teilt sie ihrem Vater auch unmissverständlich mit, zugleich kennt sie jedoch seine Antwort und Einstellung dazu. Zwar setzt sie seinem Standpunkt zuerst entgegen, dass sie „nur wenig" (Schiller 1784, 9) will – was ich als ein schwaches Aufbegehren werte, aber schon kurz darauf verschiebt sie ihre Wünsche ins Jenseits und beugt sich damit der Autorität Millers. Wen sollte es also wundern, wenn sie ihre Persönlichkeit reduziert, wo doch schon ihr Vater sie nicht als individuelle Person mit eigenen Bedürfnissen betrachtet und behandelt? Ihr geringes Selbstwertgefühl geht in gesteigerter Weise nochmals aus folgenden Worten hervor: „Dies Blümchen Jugend – wär' es ein Veilchen, und er träte drauf, und es dürfte bescheiden unter ihm sterben! Damit genügte mir, Vater" (ebd., 9)! Dieser Vergleich ist ein klarer Beweis dafür, dass sie sich Ferdinand gesellschaftlich unterlegen und sich damit seiner (adligen) Liebe nicht würdig fühlt. In der sich anschließenden Unterhaltung mit Ferdinand zeichnen sich bereits zu Beginn noch andere Bedenken ab, die zeigen, wie heilig Luise die Vaterbeziehung generell ist. In diesem Fall zielen ihre Einwände auf das Vater – Sohn – Verhältnis, das durch eine Flucht zerstört werden würde: „Du willst mich einschläfern, Ferdinand – willst meine Augen von diesem Abgrund hinweglocken, in den ich ganz gewiß stürzen muß. Ich seh' in die Zukunft – die Stimme des Ruhms – deine Entwürfe – dein Vater – mein Nichts" (ebd., 11). Diese Bedenken sind in meinen Augen ganz entscheidend, dass Luise den späteren Fluchtplänen Ferdinands nicht zustimmt. Hinzu kommt, dass sie im Gegensatz zu Ferdinand nicht die nötigen finanziellen Mittel besitzt, um einen derartigen Plan überhaupt in Erwägung zu ziehen.

Ihre Charaktereigenschaften spiegeln sich auch in der Rhetorik wider. Ihre Rede weist viele Pausen und Gedankensprünge auf – deutliche Anzeichen der Unsicherheit

und Zerrissenheit. In dieser ersten Unterhaltung mit ihrem Vater zeigt sich ihre sprachliche Unterlegenheit. Im folgenden Kapitel werde ich diesen Fakt anhand der Analyse des Dialogs mit Ferdinand nochmals bestätigen. Ihr stilles, duldsames Wesen, das sich Fügen in die Autorität ihres Vaters findet sich in ihrer Ausdrucksweise und Fülle der Rede wieder. Müller-Seidel (1955, 94) spricht von einer „Unstetheit und Sprunghaftigkeit der Redeweise". Er stellte einen Zusammenhang zwischen ihrer Sprachlosigkeit, dem Schweigen und ihrem „Nichthandeln" (ebd., 100) her. Weiterhin fand er heraus, dass „der Sprache eine gesteigerte Funktion zukommt, die sich nicht zufällig der Sprachlosigkeit zu ihrer Steigerung bedient" (ebd., 93). Folglich drücken sich Luises Handlungen durch Schweigen aus. Mit dem wachsenden Konflikt, den steigenden und sich gegenseitig bekämpfenden Besitzansprüchen von Miller und Ferdinand, nimmt ihre Gegenwehr, die sich in ihren Äußerungen spiegelt, ab. Diese „Sprachnot" (ebd., 93), auf die ich noch öfter eingehen werde, nimmt im Verlauf des Stückes mehr und mehr zu und wird schließlich in Zusammenwirkung mit der Intrige zum Auslöser der Katastrophe.

Darüber hinaus sind in der Beispielszene alle Gehalte – theologischer (Sünderin, Himmel, Seele), soziologischer (die Bindung an den Vater, die aus dem Kontext hervorgeht) und politischer (Hinweis auf die Schranken des Standesunterschieds) – so miteinander verwoben, dass sie nicht getrennt betrachtet werden können.

Objektiv betrachtet könnte das Trauerspiel nach der dritten Szene des ersten Aktes enden. Luise ist sich von Anfang an der Tatsache bewusst, dass sie weder fähig ist diese „familiären Strukturen" (Koopmann 1998, 368), noch die Schranken der bürgerlichen Welt zu durchbrechen. Es besteht auch kein Zweifel an der Unumstößlichkeit von Millers Worten; er sagt ihr deutlich, dass er ihr seinen Segen zu dieser Verbindung nicht geben kann. Damit steht zwischen den beiden tragenden Figuren des Stücks schon zu Beginn fest, dass diese Liebe unter keinem Umstand eine Zukunft hat. Die Vater – Tochter – Beziehung wird sich noch

als die stärkste und unüberwindlichste, zugleich auch als die vernichtende des Trauerspiels herauskristallisieren (vgl. Koopmann 1986, 296 *f.*). Der augenscheinliche Konflikt zwischen Vater und Tochter erweist sich bei näherer Betrachtung schnell als nichtig, oder zumindest ist Luises Gegenwehr und Durchsetzungskraft verschwindend gering in Anbetracht des übermächtigen Vaters. Luises innerer Konflikt ist neben dem Vater – Sohn – Konflikt der dominierende und zugleich ausschlaggebende des Stückes. Beide Konflikte werden nicht gelöst.

Folglich muss man von einem innerständischen Konflikt – im Bürgertum wie auch im Adel – sprechen. Dass das Drama dennoch seine Fortgang findet ist zum einen der Tatsache geschuldet, dass Luise ohnmächtig gegenüber ihren starken Gefühlen ist, die von Ferdinand in gleicher Intensität erwidert werden - auch wenn, abgesehen von der Liebe als solche- alle Umstände gegen eine Verbindung mit Ferdinand sprechen, was Luise bewusst ist und von ihr auch akzeptiert wird. Daraus erklärt sich, dass sie sich trotz aller Bedenken nicht einfach den Wünschen Millers fügen kann. Zum anderen ist Ferdinand entscheidend in Luises Konflikt involviert. Koopmann (ebd., 297), der wie ich diesen Konflikt als Ausgangspunkt des Dramas sieht, fasst seine Untersuchung so zusammen:

> Luise befindet sich im Spannungsfeld zwischen zwei Liebesbeziehungen, die Ausschließlichkeitscharakter haben und zwischen denen sie wählen muß, ohne zwischen ihnen entscheiden zu können. Hier liegt das Zentrum der Tragödie, und sie gestattet kein Entkommen.

Es besteht kein Zweifel daran, dass Miller durch sein Verhalten mitschuldig am Tod seiner Tochter ist. Noch bevor Ferdinand die bürgerliche Stube mit dem Gift in der Hand betritt, ist Luise auch durch die Erpressungen ihres Vaters in einer derart ausweglosen Situation, dass sie ihrem Leben selbst ein Ende bereiten will. Wie wäre das Drama wohl ausgegangen, wenn Miller seine Tochter verstanden, ihr ein wenig Raum zur Selbstverwirklichung gelassen hätte?

Die Liebe, die sie mit ihrem Vater und Ferdinand gleichermaßen verbindet (vgl. Alt 1994, 283), werde ich im folgenden Kapitel genau analysieren.

2.2 Zwischenmenschliche Konflikte: Luise - Ferdinand

Ferdinand von Walter, der „adlige Liebhaber" (Alt 1994, 270), ist die zweite Komponente für Luises Konflikt, denn ohne die Liebe zu ihm wäre sie nie in eine derartige emotionale Bedrängnis geraten und auch Miller hätte sich nicht in oben dargestellter Art und Weise entpuppt. Luises Äußerung, die sie den religiösen Ermahnungen ihres Vaters entgegensetzt, spiegelt ihre ganze seelische Not wieder: „[...] der Himmel und Ferdinand reißen an meiner blutenden Seele, [...]" (Schiller 1784, 9).

Am Anfang ist Ferdinands Liebe zu Luise vorbehaltlos, obgleich seine unbedingten Besitzansprüche schon bei der ersten Begegnung der beiden aus seiner Rede deutlich hervorgehen (vgl. Alt 1994, 280): „Du bist meine Luise! Wer sagt dir, dass du noch etwas sein solltest" (Schiller 1784, 11)? Anhand eines Ausschnitts aus der

Szene wird sichtbar, dass die Gesprächsanteile der beiden zunächst höchst ungleichmäßig verteilt sind und Luises Rede zu Beginn des Stückes „dem Inhalt nach nichtssagend" ist (vgl. Müller-Seidel 1955, 95):

> Rede mir Wahrheit! Du bist's nicht. Ich schaue durch deine Seele wie durch das klare Wasser dieses Brillanten. Hier wirft sich kein Bläschen auf, das ich nicht merkte – kein Gedanke tritt in dies Angesicht, der mir entwischte. Was hast du? Geschwind! Weiß ich nur diesen Spiegel helle, so läuft keine Wolke über die Welt. Was bekümmert dich? (Schiller 1784, 10).

Und Luise antwortet ihm: „Ferdinand! Ferdinand! Daß du doch wüsstest, wie schön in dieser Sprache das bürgerliche Mädchen sich ausnimmt" (ebd., 10). Darüber hinaus zeigt schon dieser Dialog, den Janz (1976, 218) nicht zu unrecht mit einem „Verhör" vergleicht, dass Luise ihm „Rede und Antwort über ihr Herz zu stehen hat". Dieser „absolutistische Anspruch auf Luise" (Koopmann 1998, 376) sowie die Art und Weise in der sich Luise zu rechtfertigen hat, ist eine von vielen Parallelen zu Millers Charakter. Ferdinand ist voller Energie („Er springt über die Planke" (Schiller 1784, 10)) und Enthusiasmus; er ist bereit für Luise seinen Stand und alle damit verbundenen Titel und Vergünstigungen hinter sich zu lassen. Er opfert sogar die Beziehung zu seinem Vater für diese Liebe. Einerseits hat Ferdinand einen ehrlichen, heldenhaften, kämpferischen, revolutionären und standfesten Charakter, wodurch er dem Typus eines jugendlichen Helden des Sturm und Drang entspricht. Andererseits ist er mit seinem Stand insofern sehr verwachsen, dass die absolutistischen Mittel, die der Adel zur Durchsetzung seiner Wünsche verwendet, auch die seinen sind. Janz (1976, 218) schreibt dazu:

> Die Manier, über die bürgerliche Geliebte wie über das eigene Statussymbol zu verfügen, kehrt wieder im herrischen Gestus, in dem Ferdinand mit seinem Fluchtplan alle gesellschaftlichen Beziehungen hinter sich lassen will und sich über Luises Einwände hinwegsetzt; in ihm ist jene Verachtung der Geliebten und jene Gewalt gegen sie bereits artikuliert, die in ihrer Ermordung zutage tritt.

Darüber hinaus, sieht Janz (1976, 219) „Ferdinands Absolutismus der Liebe nicht schon im Adelstitel" begründet, „aber im aristokratischen Sozialverhalten der Figur". Sein äußerst widersprüchlicher Charakter zeigt sich auch darin, dass er auf der einen Seite ein Gegner absolutistischer Methoden ist, „sich weigert, bei der Ausübung feudaler Gewalt mitzuwirken" (ebd., 226), auf der anderen Seite jedoch Druck und Gewalt auf Luise ausübt.

Zudem gibt Schiller seinem Helden empfindsame Züge, allerdings mit der Absicht die Gefahren ungezügelter Begeisterung und der „Verherrlichung des Gefühls" (Alt

1994, 288) zu zeigen und den Leser davor zu warnen. Seine ehrliche, reine Liebe (rein, weil sie nicht sexueller Natur ist) spricht für ihn. Verhängnisvollerweise verliert er durch seinen übersteigerten Besitzanspruch und die „Idolatrie" (Janz 1976, 216) völlig die Realität aus den Augen. Diese Tatsache lässt mich sofort an Goethes *Werther* denken. Auch Ferdinand liebt vielmehr das Bild, das er sich von Luise gemacht hat. Er nimmt weder sie noch ihre Bedürfnisse richtig wahr. Hinzu kommt seine Besessenheit vom Fluchtplan. Als er ihr in schillernden Farben „die höchste Gefahr, das Abenteuer der Flucht" (Janz 1976, 218) und das künftige sorglose Leben fern von Standesbindungen aufmalt, bittet Luise ihn zu schweigen, um ihm ihren Standpunkt und ihre Bedenken – für meine Begriffe deutlich – mitzuteilen. Entgegen ihrer anfänglichen Einsilbigkeit und sprachlichen Unterlegenheit ist der Inhalt dieser Äußerung höchst aussagekräftig:

> Ich habe einen Vater, der kein Vermögen hat als diese einzige Tochter – der morgen sechzig alt wird – der der Rache des Präsidenten gewiß ist. [...] und dein Herz gehört deinem Stande – Mein Anspruch war Kirchenraub und schaudernd geb' ich ihn auf. [...] Laß mich die Heldin dieses Augenblicks sein – einem Vater den entflohenen Sohn wieder schenken – einem Bündnis entsagen, das die Fugen der Bürgerwelt auseinandertreiben und die allgemeine ewige Ordnung zugrund stürzen würde. [...] Mich sollst du nicht mehr sehn (Schiller 1784, 47 *f.*).

Müller-Seidel (1955, 96) fand in diesem Zusammenhang heraus, dass „Luisens Sprache eine Tiefe ihres seelischen Seins ahnen" lässt, „deren es Ferdinand bei aller Leidenschaft und Entschlossenheit mangelt". Dass es ihm wirklich an seelischem Tiefgang mangelt, zeigt sich spätestens in diesem Dialog. In diesem Gespräch hätte er erkennen müssen, was bereits in der dritten Szene des ersten Aktes für Vater und Tochter feststand. Sie erklärt ihm deutlich ihre Bedenken, begründet ihren Standpunkt sogar. Ferdinand ist jedoch so blind und taub in seiner „schwärmerischen Liebe" (Koopmann 1998, 375), dass er nicht realisiert wie verwachsen sie mit ihrem bürgerlichen Stand, dem Glauben an Gott und ihrer Familie ist. Als Luise merkt, dass sie mit ihren Einwänden nicht das erhoffte und erwartete Verständnis erreicht, bringt sie ihre Einstellung nochmals auf den Punkt: „Meine Pflicht heißt mich bleiben und dulden" (Schiller 1784, 49). An dieser Äußerung ist zu sehen, dass sich Luise endgültig für ihre Pflichten als Tochter – gegen ihre große Liebe – entschieden hat. Bis zu einem gewissen Grad kann ich Ferdinands Unverständnis nachvollziehen: Er, der alles für Luise zu opfern bereit ist, erwartet die gleiche Opferbereitschaft auch von ihr. Bis zu dieser Unterredung glaubt er an den Sieg ihrer großen Liebe. Dabei

muss betont werden, dass er Luises Bedenken nie als solche realisiert hat. All ihren Einwänden setzt er realitätsfremde Einwürfe – gut verpackt in „metaphorische Illustrationen" und „pathetische Überhöhungen" (Alt 1994, 275) entgegen. An diesem Punkt wäre Vertrauen, Verständnis für die Situation der Geliebten und Toleranz die richtige Antwort Ferdinands gewesen. Stattdessen bringt er ihr Misstrauen und Ignoranz entgegen: „Schlange, du lügst. Dich fesselt was anders hier [...] Kalte Pflicht gegen feurige Liebe! – Und mich soll das Märchen blenden? – Ein Liebhaber fesselt dich, und Weh über dich und ihn, wenn mein Verdacht sich bestätigt" (Schiller 1784, 49). Koopmann (1998, 375) illustriert Ferdinands Verhalten wie folgt:

> [...] er macht ihr [...] den schlimmsten Vorwurf, der einem Menschen in dieser Zeit gemacht werden kann: Gefühllosigkeit, Herzlosigkeit, bloße Verstandesorientierung. In einer Zeit der ausgehenden Empfindsamkeit und der Hochschätzung schwärmerischer Liebe ist das ein Todesurteil.

Dieses mangelnde Vertrauen in Luise führt auch dazu, dass Ferdinand empfänglich für die Intrige ist, die Wurm, der „skrupellose Intrigant" (Alt 1994, 270) so geschickt inszeniert. Ich bin der Ansicht, dass Schiller die fadenscheinige Intrige ganz bewusst von Wurm, der von der Stellung im Stück eindeutig zu den Nebenfiguren zählt, einfädeln lässt, um zu zeigen, wohin realitätsfremdes Denken, übersteigerte Gefühle und fehlendes Verständnis führen können. Ausgerechnet Ferdinand, in seinem Wesen ein Held des Sturm und Drang, wird Opfer eines Planes, der unter normalen Umständen von allen Beteiligten sofort durchschaut worden wäre. Am Beispiel Ferdinands demonstriert Schiller dem Publikum die Gefahren mangelnder Vernunft und regierender Empfindsamkeit. Koopmann (1998, 371) sieht noch einen weiteren Grund, der auch nicht von der Hand zu weisen ist:

> Die Extremisierung der Gefühle und die daraus resultierende Blindheit den Gefühlen des anderen gegenüber macht auch blind für die läppischen Intrigen, die inszeniert werden, um das liebende Paar auseinanderzutreiben. Nicht zufällig fädelt Wurm, der nicht nur ein zweifelhafter confident ist, sondern der auch die psychischen Schwachstellen und Gefährdungsmöglichkeiten der Beteiligten kennt, die Intrige ein, [...].

Die beschriebenen Einflüsse führen in Verbindung mit Ferdinands verletzten Gefühlen dazu, dass er sich am Ende selbst zum Richter über Leben und Tod ernennt:

> Verloren! Ja Unglückselige! – Ich bin es. Du bist es auch. Ja bei dem großen Gott! Wenn ich verloren bin, bist du es auch! – Richter der Welt! Fordre sie mir nicht ab! Das Mädchen ist mein. Ich trat dir deine ganze Welt für das

Mädchen ab, habe Verzicht getan auf deine ganze herrliche Schöpfung. Laß mir das Mädchen! Richter der Welt! [...] Sollte der reiche vermögende Schöpfer mit einer Seele geizen, die noch dazu die schlechteste seiner Schöpfung ist? – Das Mädchen ist mein! Ich einst ihr Gott, jetzt ihr Teufel! (Schiller 1784, 59).

An diesem Entschluss sowie an den bereits beschriebenen Druckmitteln des Vaters wird sichtbar, in welcher tragischen und ausweglosen Lage sich Luise befindet. Müller-Seidel (1955, 100) betrachtet nachfolgend die Situation von Luises Standpunkt aus. Seine Analyse ist auch ein Beweis für meine These, dass sich das Stück um Luise und ihren Konflikt herum aufbaut:

> Der Tod, durch den sie sich vom Eid zu befreien hoffte, ist ihr versagt, weil Vaterliebe sie zum Bleiben zwingt. Der Flucht hatte sie sich entzogen, um sich vor Frevel zu bewahren. An der Flucht mit dem Vater hindert sie das unvermutete Dazwischentreten Ferdinands. Sie hat alles versucht, und alles schlug gegen sie aus. Im Leben bleibend, weiß sie sich durch den Eid schuldig an Ferdinand. Im Tode, wie sie ihn wählen wollte, wäre sie schuldig geworden am eigenen Vater. Sie kann tun, was sie will: ihre Situation ist ausweglos.

Luise spricht „in Erkenntnis dieser Situation das Wort aus", das ihre Tragik in der ganzen Tiefe aufzeigt: „Verbrecherin, wohin ich mich neige..." (Müller-Seidel 1955, 101). Sie ist zugleich Objekt und Opfer zweier Besitzansprüche, die sich an Grausamkeit in nichts nachstehen. Nachdem sie ihre Wünsche und ihren Standpunkt mehrmals geäußert hat, jedoch weder von Miller noch von ihrem Geliebten verstanden worden ist, fügt sie sich in ihr Schicksal. Hier bestätigt sich auch nochmals die These von Müller-Seidel (1955, 93), dass mit Luises zunehmendem Konflikt und ihrer steigenden Angst auch ihre „Sprachnot" sowie ihre Handlungsunfähigkeit zunehmen. Während Müller-Seidel (1955, 96) ihr zunehmendes Schweigen auf eine „Ungleichheit der Seelen" zurückführt, sehe ich die Ursachen im psychologischen Bereich begründet: die Tatsache, dass Luise gerade bei den beiden Menschen, die sie am meisten liebt, wieder und wieder auf Unverständnis und - was noch viel schlimmer ist - unvorstellbaren Druck stößt, führt dazu, dass sie sich mehr und mehr in sich selbst zurückzieht. Warum sollte sie auch immer wieder um Verständnis kämpfen, wo doch nie welches vorhanden war? So flüchtet sie sich in ihre eigene Welt: die Vorstellung vom Jenseits, in der alle ihre Wünsche wahr werden können. Ihre tiefe Gläubigkeit zeigt sich nicht nur am Gelingen der väterlichen Erpressungen, sondern äußert sich in gleichem Maße in

ihren Beschreibungen des himmlischen Reiches. Schon zu Beginn erhofft sie sich Erfüllung in der Ewigkeit:

> Auch will ich ihn ja jetzt nicht, mein Vater! [...] Ich bringe nichts mit mir als meine Unschuld; aber der Vater hat ja so oft gesagt, dass der Schmuck und die prächtigen Titel wohlfeil werden, wenn Gott kommt, und die Herzen im Preise steigen. Ich werde dann reich sein. Dort rechnet man Tränen für Triumphe und schöne Gedanken für Ahnen an! Ich werde dann vornehm sein, [...] (Schiller 1784, 10).

Der folgende Ausschnitt zeigt, wie fest sie mit dem religiösen Glauben verwachsen ist, denn nur ein wirklich gläubiger Mensch schaut dem Tod so furchtlos entgegen. Wenn sie keinen anderen Weg weiß, als freiwillig und noch dazu von eigener Hand aus dem Leben zu scheiden, lässt sich daran ihre Ausweglosigkeit und Verzweiflung ermessen:

> Der Ort ist zum Finden gemalt. [...] Das sind nur Schauer, die sich um das Wort herum lagern – Weg mit diesem, und es liegt ein Brautbette da, worüber der Morgen seinen goldenen Teppich breitet und die Frühlinge ihre bunter Girlanden streun. Nur ein heulender Sünder konnte den Tod ein Gerippe schelten; es ist ein holder niedlicher Knabe, blühend, wie sie den Liebesgott malen, aber so tückisch nicht – ein stiller dienstbarer Genius, der der erschöpften Pilgerin Seele den Arm bietet über den Graben der Zeit, das Feenschloß der ewigen Herrlichkeit aufschließt, freundlich nickt und verschwindet (Schiller 1784, 72).

Die in diesem Kapitel verwendeten Ausschnitte weisen vor allem den religiösen Gehalt auf, obgleich Luise ihren Standpunkt mit sozialen Faktoren (die Tochter als Vermögen des Vaters) belegt. Beide, Luise als auch Ferdinand, bedienen sich des religiösen Vokabulars wenn es um die Verwirklichung ihrer Pläne geht. Das ist ein weiterer Beweis dafür, dass die Hoffnung auf ein Zustandekommen der Beziehung von Anfang an unrealistisch ist. Sollte es Zufall sein, dass beide das ganze Stück hindurch mithilfe himmlischer Metaphern über ihre Liebe sprechen? Ich führe das in diesem Fall weniger auf den sogenannten siebenten Himmel zurück, in dem Verliebte gewöhnlich schweben, als vielmehr darauf, dass bei (realistischer) Betrachtung der sozialen Faktoren der Gedanke an eine Bindung bereits zu Beginn im Keim erstickt wäre. Drückt sich die Ahnung der Liebenden, die Aussichtslosigkeit, in der Wahl der Sprache nicht ganz deutlich aus?

Obwohl im Konflikt zwischen Luise und Ferdinand die Standesunterschiede mehrmals zur Sprache kommen, spielt der Konflikt zwischen Bürgertum und Adel, entgegen des ersten Eindrucks und mehrfacher Hinweise, nur eine untergeordnete Rolle. Zum einen hat die unterschiedliche Herkunft für Ferdinand keinerlei

Bedeutung, er ist sogar bereit seinem Stand zu entsagen. Zum anderen weisen Luises Äußerungen wiederholt darauf hin, dass ausschließlich sie ein gravierendes Hindernis in den Standesunterschieden sieht, sie die „Gefangene ihres Standes" (Koopmann 1998, 374) ist: „[...] wenn von uns abspringen all die verhassten Hülsen des Standes – wenn Menschen nur Menschen sind [...]" (Schiller 1784, 10). Auch wenn sie Ferdinand den Vorwurf macht, dass sein „Herz" seinem „Stande gehört" (ebd., 48) geht dennoch aus der Handlung hervor, dass es vielmehr ihre eigene (bürgerliche) Einstellung ist, die sie auf Ferdinand projiziert. Die unüberwindliche Gebundenheit an ihren Stand zeigt sich nochmals darin, dass sie die Liebesbeziehung als ein „Bündnis [...], das die Fugen der Bürgerwelt auseinandertreiben und die allgemeine ewige Ordnung zugrund stürzen würde" (Schiller 1784, 48) ansieht. Diese Tatsache, die bis zum Ende unveränderbar bestehen bleibt, drängt den Standeskonflikt in gleichem Maße in den Hintergrund wie sie den innerständischen Konflikt hervorhebt.

2.3   Ferdinand – Präsident

Kabale und Liebe wird durch das Thema des gespaltenen Vater – Sohn - Verhältnisses zu einem Stück des Sturm und Drang. Die Beziehung zwischen Ferdinand und seinem Vater stellt sich von Anfang an als sehr förmlich und wenig herzlich dar, was sich unschwer aus Ferdinands Begrüßung entnehmen lässt: „Sie haben befohlen, gnädiger Herr Vater" (ebd., 16). Aus dem weiteren Verlauf des Gesprächs geht der Plan des Präsidenten, somit auch sein Charakter, deutlich hervor. Seine Äußerung „Mich laß an deinem Glück arbeiten und denke auf nichts, als in meine Entwürfe zu spielen" (ebd., 16) ist durchaus mit der Bevormundung und Unerbittlichkeit Millers gegenüber Luise vergleichbar. Im Gegensatz zu Luise lehnt sich Ferdinand jedoch gegen diese Art der Bestimmung über seine Person auf. Ich möchte nicht daran zweifeln, dass es auch väterliche Gefühle sind, die den Präsidenten nicht vor mancher Machenschaft zurückschrecken lassen. Erschreckend ist dabei jedoch einerseits die maßlose Skrupellosigkeit, andererseits die Ungeheuerlichkeit, dass der Präsident sein Verbrechen mit dem späteren sozialen Aufstieg des Sohnes rechtfertigt und diese Tatsache noch als Druckmittel benutzt:

> Wem zulieb hab' ich die gefährliche Bahn zum Herzen des Fürsten betreten? Wem zulieb bin ich auf ewig mit meinem Gewissen und dem Himmel zerfallen? – Höre, Ferdinand – ich spreche mit meinem Sohn – wem hab' ich durch Hinwegräumung meines Vorgängers Platz gemacht – eine Geschichte, die desto blutiger in mein Inwendiges schneidet, je sorgfältiger ich das

Messer der Welt verberge. Höre! Sage mir, Ferdinand: Wem tat ich dies alles (ebd., 16)?

In meinen Augen sind es vielmehr eigennützige Gedanken, nämlich die Möglichkeit des eigenen uneingeschränkten Schaltens und Waltens im Land, die den Ehrgeiz des Vaters beflügeln. Ferdinands Reaktion auf das unglaubliche Geständnis des Vaters ist dann auch die eines geradlinigen und standfesten Helden: „Feierlich entsag' ich hier einem Erbe, das mich nur an einen abscheulichen Vater erinnert" (ebd., 17). War das Vater – Sohn – Verhältnis vorher nie liebevoll und herzlich, beginnt es sich mit dieser Auseinandersetzung nach und nach völlig zu entzweien. Der folgende Ausschnitt gibt nochmals Aufschluss über den gefühlskalten, despotischen Charakter des Präsidenten:

> Ist das der Respekt, den du mir schuldig bist? [...] Wenn du mich zum Lügner machst, Junge – vor dem Fürsten – der Lady – der Stadt – dem Hofe [...] oder wenn ich hinter gewisse Historien komme! [...] Wenn ich auftrete, zittert ein Herzogtum. Laß doch sehen, ob mich ein Starrkopf von Sohn meistert! Junge, ich sage dir, du wirst dort sein, oder fliehe meinen Zorn (ebd., 19)!

Bei der Betrachtung der Verhältnisse beider Väter zu ihren Kindern stellt sich mir die Frage, welcher Natur zu Schillers Lebzeit das Verhältnis von Eltern und Kindern war? In beiden Fällen steht an erster Stelle die Autorität des Vaters, Ehefrau und Kinder haben

dem „Hausherrn" (Hervorhebung durch den Verfasser, Corinna Roth) unter allen Umständen Respekt zu zollen. Die ökonomische Abhängigkeit wäre eine Erklärung. Allerdings bezieht diese sich mehr auf das Bürgertum. Sollte es Herzlichkeit und uneigennützige elterliche Liebe im 18. Jahrhundert noch nicht gegeben haben? Stand die Autorität über der Liebe?

Der Meinung Alts (1994, 286), dass „auch" der Präsident „gelegentlich von Skrupeln und moralischen Bedenken gepeinigt wird" schließe ich mich nicht an. Von einer „Ambivalenz" (ebd., 287) des Charakters kann in meinen Augen nicht gesprochen werden, wenn Eigennutz, Egoismus, Verständnislosigkeit gegenüber den Gefühlen des Sohnes und Durchsetzung des eigenen Willens um jeden Preis an erster Stelle stehen. Sollte auch nur die Spur einer positiven Charaktereigenschaft im Präsidenten vorhanden sein, wird diese durch die Vielzahl der extrem negativen zunichte gemacht. Auch die „späte Bitte um Vergebung durch den Schöpfer" (V, 8, 107), die häufig als unmotivierter Ausdruck dramatischen Kalküls ohne psychologische Grundlage gewertet wird" (ebd., 286, ergänzende Angaben im Original) sehe ich,

entgegen zu Alts Einschätzung, nicht als tiefempfundene Reue an. Ich bin durchaus nicht der Meinung, dass ein Leben voller Missetaten, Verbrechen und absoluter Machtausübung über den Sohn durch einmalige Reue, die noch dazu entschieden zu spät kommt, entschuldigt werden und der Präsident damit von seiner Schuld freigesprochen werden kann. Obgleich Wurm eindeutig die Hauptschuld an der Intrige hat, trifft den Präsidenten durch seine Zustimmung eine ebenso große Mitschuld.

Ferdinand zeigt sich in seiner Liebe zu Luise standhaft – sowohl gegenüber den Verheiratungsplänen seines Vaters als auch auf die Offenbarungen der Lady Milford. Nach seinem Besuch bei der Lady (Zweiter Akt, dritte Szene) scheint sich die Handlung fast zu verselbständigen. Schlag auf Schlag folgt ein Ereignis dem anderen – und die Katastrophe wird damit unaufhaltsam. In der fünften Szene des zweiten Aktes spitzt sich die Lage zwischen Vater und Sohn zunächst zu. Schauplatz des Geschehens ist bezeichnenderweise Millers Stube. Der „rücksichtslos –despotische Zugriff des Adels auf die bürgerliche Privatsphäre" (ebd., 283) demonstriert zum einen nochmals die Skrupellosigkeit des Präsidenten, andererseits steht der „absolutistische Übergriff" (Koopmann 1998, 373) für die Willkür des Adels. Die anfängliche Auseinandersetzung zwischen „dem bürgerlichen Miller", der ausschließlich das Ansehen seiner Tochter und seine Privatsphäre verteidigt, und „dem adligen Präsidenten" verwandelt sich schon nach kurzer Zeit in einen dramatischen „Konflikt zwischen einem adligen Vater und seinem adligen Sohn" (ebd., 373). Von einem Konflikt zwischen Bürgertum und Adel kann deshalb nicht gesprochen werden, weil Miller die Beleidigungen des Präsidenten sehr beherrscht hinnimmt. Aus Millers Rede geht weniger Kritik an der Obrigkeit, als vielmehr die Sorge des „biederen Hausvaters" (Alt 1994, 270), zugegeben durchaus selbstbewusst vorgetragen, hervor (vgl. ebd., 283):

> Euer Exzellenz – Das Kind ist des Vaters Arbeit – Halten zu Gnaden – Wer das Kind eine Mähre schilt, schlägt den Vater ans Ohr, und Ohrfeig um Ohrfeig – Das ist so Tax' bei uns – Halten zu Gnaden. [...] Teutsch und verständlich. Halten zu Gnaden. Euer Exzellenz schalten und walten im Land. Das ist meine Stube. Mein devotestes Kompliment, wenn ich dermaleins ein Promemoria bringe, aber den ungehobelten Gast werf' ich zur Tür hinaus – Halten zu Gnaden (Schiller 1784, 35 f.).

Am Anfang der Szene steht Ferdinands endgültiger, fester Entschluss, seine Liebe zu Luise durchzusetzen: „Mein bist du, und wärfen Höll' und Himmel sich zwischen uns" (Schiller 1784, 32). Der Anlass für die Auseinandersetzung zwischen Vater und

Sohn ist also offensichtlich Luise. Das bestätigt wieder meine These, dass sie im Mittelpunkt des Stückes steht. Dieser Ausruf Ferdinands enthält soviel kämpferisches Potential, dass ein Konflikt unausweichlich ist. Als der Präsident mit der Verhaftung Millers und der Abführung Luises und der Millerin an den Pranger droht, eskaliert die Situation. Ferdinand stellt sich „schützend vor Luise" (Koopmann 1998, 373) und warnt seinen Vater eindringlich vor der tatsächlichen Ausführung der Drohung:

> Vater! Sie hatten einmal ein Leben an mich zu fordern – Es ist bezahlt. Der Schuldbrief der kindlichen Pflicht liegt zerrissen da - [...] Keine Übereilung, mein Vater! Wenn Sie sich selbst lieben, keine Gewalttätigkeit – Es gibt eine Gegend in meinem Herzen, worin das Wort Vater noch nie gehört worden ist – Dringen Sie nicht bis in diese (Schiller 1784, 35 *f.*)!

Als dieser die Warnung ignoriert, greift Ferdinand zu einem letzten Mittel, mit dem er sein Ziel erreicht. Zugleich spaltet sich das Verhältnis zu seinem Vater endgültig:

> [...] Treiben Sie mich nicht aufs äußerste, Vater. [...] Vater, sie soll an dem Prager stehn, aber mit dem Major, des Präsidenten Sohn – Bestehen Sie noch darauf? [...] Vater! Ich werfe meinen Offiziersdegen auf das Mädchen. – Bestehen Sie noch darauf? [...] Vater! Eh' Sie meine Gemahlin beschimpfen, durchstoß' ich sie. – Bestehen Sie noch darauf? [...] Du, Allmächtiger, bist Zeuge! Kein menschliches Mittel ließ ich unversucht – ich muß zu einem teuflischen schreiten. – Ihr führt sie zum Pranger fort, untersessen erzähl' ich der Residenz eine Geschichte, wie man Präsident wird (ebd., 37 *f.*).

Auch an diesem Punkt der Handlung hätte der Präsident noch die Möglichkeit gehabt, die weiteren Geschehnisse zu verhindern. Die Ausführung seiner Drohung zeigt einmal mehr, dass er die Wahrung seiner Position über alles stellt („Laß doch sehen, ob mich ein Starrkopf von Sohn meistert!" (ebd., 19)). Damit setzt er sich über Ferdinands Drohung einfach hinweg. Aus dieser Szene geht die enorme Brutalität – sowohl gegen die gesamte Familie Miller als auch gegen den Sohn – hervor, die mich an der späten Reue zweifeln lässt. Stellt man die Mittel einmal nebeneinander, die Miller, Ferdinand und der Präsident zur Durchsetzung ihrer Ziele verwenden, steht einer dem anderen in nichts nach. Dabei spielt es keine Rolle, ob es sich um den bürgerlichen Geiger, der symbolisch für die heile bürgerliche Welt und deren Werte steht, oder um Ferdinand, den „guten Adligen" (Koopmann 1998, 373), oder um den Präsidenten von Walter, den Janz (1976, 373) als die „personifizierte feudale Willkür" charakterisiert, handelt – in ihrer diktatorischen Herrschsucht ist ihnen jedes Mittel recht. Die Spannbreite reicht von Erpressung über seelische Grausamkeit bis hin zum Mord, den Schiller bewusst durch die Vertreter des Adels

ausführen lässt, um die absolutistischen Methoden und Verhaltensweisen zu demonstrieren. Finden sich im Konflikt zwischen Luise und Ferdinand überwiegend religiöse Metaphern, so dominieren im Vater – Sohn – Konflikt vor allem soziologische beziehungsweise psychologische (die Warnungen Ferdinands an deren Schluss der Gang zum Herzog steht) Gehalte.

Der Vater – Sohn – Konflikt, der ungelöst bleibt, ist das Gegenstück zu Luises innerem Konflikt: ein Konflikt innerhalb des adligen Standes.

2.4   Luise – Lady Milford

Lady Milford, die Mätresse des Herzogs, zählt zwar zu den Nebenfiguren des Dramas, ist jedoch durch ihren Disput mit Luise von Bedeutung für meine Untersuchung.

Bereits ihr erster Auftritt, die sogenannte „Kammerdiener-Szene" (ebd., 272), in der sie mit „Mitleidsvermögen und Hilfsbereitschaft" (ebd., 284) auf die Geschichte des Kammerdieners reagiert, verdeutlicht, dass sie keine typische Vertreterin des Adels ist:

> Daß das ohne Verzug in die Landschaft gebracht werde! – Man soll es sogleich zu Geld machen, befehl' ich, und den Gewinst davon unter die Vierhundert verteilen, die der Brand ruiniert hat. [...] Es ist besser, falsche Juwelen im Haar und das Bewusstsein dieser Tat im Herzen zu haben (Schiller 1784, 24).

Die sich daran anschließende Unterhaltung mit Ferdinand, in der sie zur Verteidigung ihrer Person ihre Lebensgeschichte erzählt, gibt dem Leser nochmals Einblick in ihren Charakter und „ermöglicht von vornherein ein gewissen Maß an Identifikation" (ebd., 285).). In diesem Gespräch schildert sie ihre Verdienste für das Land, an deren Glaubhaftigkeit keinerlei Zweifel besteht:

> [...] Ich nahm dem Tyrannen den Zügel ab, der wollüstig in meiner Umarmung erschlappte – dein Vaterland, Walter, fühlte zum erstenmal eine Menschenhand und sank vertrauend an meinen Busen. [...] Walter, ich habe Kerker gesprengt – habe Todesurteile zerrissen und manche entsetzliche Ewigkeit auf Galeeren verkürzt. In unheilbare Wunden hab' ich doch wenigstens stillenden Balsam gegossen – mächtige Frevler in Staub gelegt und die verlorne Sache der Unschuld oft noch mit einer buhlerischen Träne gerettet (Schiller 1784, 28 f.).

Ihr schlechter Ruf, den ihr Ferdinand auch zum Vorwurf macht, erweist sich allein schon durch diese Verdienste als nicht gerechtfertigt. Darüber hinaus wurde sie zweifellos aus Liebe, nicht aus materialistischen Gründen, die Mätresse des Herzogs.

Neben Luise ist Lady Milford die einzige Figur, die durchweg positive Charakterzüge besitzt. Während sie in ihrem Auftreten und ihrer Rede die Wirkung einer Adligen hat, zeigt ihr Verhalten hingegen, dass sie Charakter besitzt. Schiller stattet die Figur der Lady zudem mit Verhaltensweisen, zum Beispiel mit Elementen „der höfischen Verstellungskunst" aus, die zum „Verhaltensrepertoire der adligen Mätresse" gehören (Alt 1994, 284). Es ist nicht auszuschließen, dass Schiller bei der Erschaffung der Figur die Mätresse Carl Eugen von Württembergs vor Augen hatte, für die er oft genug „schmeichlerische Gedichte und Reden" (Kiesel 1979, 234) verfassen musste.

In der „Auseinandersetzung mit Luise" versucht sie zunächst „die Maske aristokratischer Überlegenheit aufzusetzen, um die bürgerliche Rivalin in ihre Schranken zu weisen" (Alt 1994, 284):

> Recht! Recht! Ich entsinne mich – die arme Geigerstochter, wovon neulich die Rede war. Sehr interessant, und doch keine Schönheit – Trete Sie näher, mein Kind! [...] Man sehe die große Dame! – Sonst wissen sich Jungfern Ihrer Herkunft noch glücklich, wenn sie Herrschaften finden. – Wo will denn Sie hinaus, meine Kostbare? Sind diese Finger zur Arbeit zu niedlich? Ist es Ihr bisschen Gesicht, worauf Sie so trotzig tut (Schiller 1784, 62 f.)?

Bei näherer Betrachtung stellt sich jedoch schnell heraus, dass Angst und Selbstschutz die Motive dafür sind: „Sage mir nichts von ihr – stille – wie eine Verbrecherin zittre ich, die Glückliche zu sehen, die mit meinem Herzen so schrecklich harmonisch fühlt. [...] Ich muß erröten, wenn sie nur das gewöhnliche Weib ist, und wenn sie mehr ist, verzagen" (Schiller 1784, 61). Luise tritt der Lady zuerst schüchtern entgegen, was sich aus den Regie-anweisungen und der Verteilung der Redeanteile im Dialog erkennen lässt. Ähnlich der ersten Unterhaltung von Ferdinand und Luise gleicht das Gespräch anfangs einem Verhör. Auf die lange Rede, die vielen Fragen der Milford und das Angebot in ihre Dienste zu treten folgt jeweils eine ziemlich knappe, dafür aber umso scharfsinnigere und treffsichere Antwort von Luise: „Ich danke für diese Gnade, Milady, als wenn ich sie annehmen dürfte" (ebd., 63). Da sich Luise ohnehin in einer Situation befindet, in der sie nichts mehr zu verlieren hat, bietet sie der Milford die Stirn. Diese ist von der Aufrichtigkeit, dem Stolz, der geistigen und charakterlichen Größe sowie dem Mut Luises derart erschüttert, dass sie ihre Maske mehr und mehr fallen lässt. Der Dialog erreicht seinen Höhepunkt als Lady Milford zum letzten Mittel greift, das ihr noch zur Verfügung steht. Diese Äußerung demonstriert, wie verzweifelt und ängstlich sie in Anbracht der überlegenen Gegnerin sein muss. Ihre „privilegierte Stellung am Hof" (Alt 1994, 284) ist der einzige Trumpf, den sie noch hat:

[...] Aber wag es, Unglückliche – wag es, ihn jetzt noch zu lieben oder von ihm geliebt zu werden – Was sage ich? – Wag es, an ihn zu denken oder einer von seinen Gedanken zu sein – Ich bin mächtig, Unglückliche – fürchterlich – So wahr Gott lebt! du bist verloren! [...] Ich will über diese schimpfliche Leidenschaft siegen, mein Herz unterdrücken und das deinige zermalmen. – Felsen und Abgründe will ich zwischen euch werfen; eine Furie will ich mitten durch euren Himmel gehen; [...] Ich kann nicht mit ihm glücklich werden – aber du sollst es auch nicht werden. – Wisse das, Elende! Seligkeit zerstören ist auch Seligkeit (Schiller 1784, 65 *f*.).

Doch Luise durchschaut die Milford, erkennt ihr wahres Gesicht hinter den Drohungen. Ihre Antwort ist die Antwort einer völlig Verzweifelten, die alles auf eine Karte setzt. Dieser Ausschnitt widerlegt zugleich Müller-Seidels These (1955, 100), dass Luise durchweg sprachlos ist, was ihrem „Nichthandeln und Nichthandeln-Wollen" entspricht. In der Gesamtheit betrachtet, hat Luise einen hohen Redeanteil im Dialog mit der Milford. Zudem ist auch hier der Inhalt ihrer Rede höchst aussagekräftig. Darüber hinaus kann ihr nicht vorgeworfen werden, dass sie nicht handelt, denn sie kämpft um ihre Liebe, sie überlässt Ferdinand nicht wortlos der Lady – auch wenn sie ihrer Liebe am Ende entsagt:

Eine Seligkeit, um die man Sie schon gebracht hat, Milady! Lästern Sie ihr eigenes Herz nicht! Sie sind nicht fähig, das auszuüben, was Sie so drohend auf mich herabschwören. Sie sind nicht fähig, ein Geschöpf zu quälen, das Ihnen nichts zu Leide getan, als dass es empfunden hat wie Sie. - Aber ich liebe Sie um dieser Wallung willen, Milady. [...] Nehmen Sie ihn denn hin, Milady! – Freiwillig tret' ich Ihnen ab den Mann, den man mit Haken der Hölle von meinem blutenden Herzen riß. – Vielleicht wissen Sie es selbst nicht, Milady, aber Sie haben den Himmel zweier Liebenden geschleift, voneinander gezerrt zwei Herzen, die Gott aneinanderband; zerschmettert ein Geschöpf, das ihm nahe ging wie Sie [...] Jetzt ist er Ihnen! Jetzt, Milady, nehmen Sie ihn hin! Rennen Sie in seine Arme! Reißen Sie ihn zum Altar – Nur vergessen Sie nicht, dass zwischen Ihren Brautkuß das Gespenst einer Selbstmörderin stürzen wird. – Gott wird barmherzig sein- Ich kann mir nicht anders helfen (ebd., 66 *f*.)!

Ich gebe Müller-Seidel (1955, 93) insofern recht, dass ihre „Sprachnot" gegen Ende des Stückes, das heißt nachdem Wurm sie in der sechsten Szene des dritten Aktes durch den Brief zum Schweigen zwingt, zunimmt und sie sich widerstandslos in ihr Schicksal fügt. Das deutete sich bereits in der vierten Szene des dritten Aktes an, als Ferdinand ihre Bedenken zuerst ignoriert und anschließend mit Misstrauen und Intoleranz reagiert, sie sogar beschimpft und des Lügens beschuldigt. Auch ist schwer zu sagen, ob die Ankündigung des Selbstmordes als eine Erpressung zu werten ist oder Luise durch die Unterredung mit der Lady so unvorstellbar in Bedrängnis gerät, dass sie tatsächlich keinen anderen Ausweg mehr sieht. Ihre

Antwort bewirkt jedenfalls – beabsichtigt oder nicht – den Wendepunkt in der Haltung der Milford, was einmal mehr Luises bedeutende Rolle demonstriert:

> Gott! Gott! Bin ich so tief gesunken – so plötzlich von allen Thronen meines Stolzes herabgestürzt, dass ich heißhungrig erwarte, was einer Bettlerin Großmut aus ihrem letzten Todeskampfe mir zuwerfen wird? [...] Nein, stolze Unglückliche! Nein! – Beschämen lässt sich Emilie Milford – doch beschimpfen nie! Auch ich habe Kraft zu entsagen (ebd., 67).

Auch in dieser Szene sind alle Gehalte, vor allem jedoch theologischer und politischer, miteinander verflochten. Die religiösen Metaphern (Seligkeit, Gott, Himmel, Hölle) dominieren, kongruent zu Kapitel 2.2, immer dann wenn die Liebesbeziehung zur Sprache kommt. Zugleich weist diese Szene eine Vielzahl von Äußerungen auf, die auf die politische Komponente abzielen (Verweis der Milford auf ihre Macht und ihren Einfluss am Hof sowie der Hinweis auf Luises bürgerliche Herkunft).

Der Konflikt wird gelöst, indem Lady Milford sich ihrer ehrbaren Herkunft besinnt und flieht. Alt (1994, 284) bezeichnet sie aufgrund dessen als „aristokratische Überläuferin ins bürgerliche Lager". Diese Lösung bewirkt die Auflösung des Standeskonfliktes zwischen der Milford und Luise, wodurch einzig Luises innerer Konflikt bestehen bleibt. Sofern man nach dieser Lösung überhaupt noch von einem Konflikt sprechen kann, ist es also weiterhin ein innerständischer.

Der Vollständigkeit halber möchte ich abschließend erwähnen, dass noch zwei weitere zwischenmenschliche Konflikte existieren: zum einen zwischen Miller und seiner Frau (Erster Akt, erste Szene), zum anderen zwischen Ferdinand und Miller (Fünfter Akt, zweite Szene). Da sie eine sehr untergeordnete Rolle spielen, habe ich sie in meiner Analyse nicht berücksichtigt.

3   Zusammenfassung

Ziel meiner Arbeit war, Luises bedeutende Rolle im Stück aufzuzeigen. Um zu belegen, dass sich die gesamte Handlung um Luise herum aufbaut, habe ich in allen Kapiteln den Einfluss untersucht, den Luise auf den jeweiligen Konflikt hat. War sie nicht selbst im Konflikt integriert, so war sie doch zumindest Ursache für denselben. Die Frage nach dem Warum ihrer Handlungen lässt sich mit einem Satz aus Alts (1994, 283) Aufsatz beantworten: die „doppelte Herzensbindung, die sie mit ihrem Vater (bzw. der von ihm vertretenen Ordnung) und ihrem Geliebten gleichermaßen verknüpft" sowie der daraus resultierende Konflikt sind die Ursache für ihre

Handlungen mit denen sie wiederum das Handeln der anderen Figuren bewirkt. Zudem wurde schon beim Versuch der Strukturierung des Stückes deutlich, dass die einzelnen Konflikte und die vier verschiedenen Gehalte sowohl untereinander als auch miteinander so eng miteinander verbunden sind, dass es nicht möglich ist, eine Komponente zu analysieren ohne die angrenzende(n) zu streifen. Ich kann bestätigen, dass der religiöse Gehalt – mehr als alle anderen – das Stück durchzieht. Das erklärt sich allein schon daraus, dass sich sowohl die Vater – Tochter – Beziehung als auch die Liebesbeziehung, die beide tragend und durch das gesamte Stück hindurch präsent sind, hauptsächlich durch religiöses Vokabular artikulieren. Darüber hinaus konnte ich mit meinen Untersuchungen beweisen, dass die Thematik des Ständekonfliktes zwar vorhanden ist, jedoch eine untergeordnete Rolle spielt. Durch die Psychologisierung der Figuren, die Vielzahl der rhetorischen Stilmittel und die „Komplementarität" (Alt 1994, 282) der Figuren und Gehalte schuf Schiller mit *Kabale und Liebe* ein einzigartiges Werk, das sich nach über 200 Jahren nicht nur gleichbleibend großer Beliebtheit erfreut, sondern dessen Inhalt in abgewandelter Form nach wie vor aktuell ist.

4   Literaturverzeichnis

Primärliteratur

Von Schiller, Friedrich (1784): Kabale und Liebe. Ein bürgerliches Trauerspiel. 61. Hamburger Leseheft. Husum/Nordsee: Hamburger Lesehefte Verlag.

Sekundärliteratur

Alt, Peter-André (1994): Tragödie der Autonomie. Schillers ‚Kabale und Liebe.' In: Tragödie der Aufklärung. Tübingen: Franke Verlag, S. 270 – 289.

Guthke, Karl S. (1994): Kabale und Liebe. Evangelium der Liebe? In: Schillers Dramen. Idealismus und Skepsis. Tübingen: Franke Verlag, S. 95 - 132.

Janz, Rolf-Peter (1976): Schillers ‚Kabale und Liebe' als bürgerliches Trauerspiel. In: Jahrbuch der Deutschen Schillergesellschaft. Band 20, S. 208 - 228.

Kiesel, Helmuth (1979): Hofkritik in den Dramen Friedrich Schillers. Politischer Protest und Kontrastmotiv zur Konzeption des ästhetischen Staats. In: Bei Hof, bei Höll'. Tübingen: Niemeyer, S. 233 – 241.

Koopmann, Helmut (1998): Kabale und Liebe. In: Schiller Handbuch. Stuttgart: Alfred Kröner Verlag, S. 365 – 377.

Koopmann, Helmut (1986): ‚Kabale und Liebe' als Drama der Aufklärung. In: Verlorene Klassik? Ein Symposion. Hsg. Wittkowski, Wolfgang. Tübingen: Niemeyer, S. 286 – 303.

Mönch, Cornelia (1993): ‚Kabale und Liebe' – Friedrich Schiller zwischen Konvention und Innovation - mit einem Exkurs zu ‚Die Räuber'. In: Abschrecken oder Mitleiden. Das deutsche bürgerliche Trauerspiel im 18. Jahrhundert. Versuch einer Typologie. Tübingen: Niemeyer, S. 331- 340.

Müller-Seidel, Walter (1955): Das stumme Drama der Luise Millerin. In: Goethe-Jahrbuch 17. Weimar, S. 91 – 103.

Stern, Martin (1990): Kein ‚Dolchstoss ins Herz des Absolutismus'. Überlegungen zum bürgerlichen Trauerspiel anhand von Lessings ‚Emilia Galotti' und Schillers ‚Kabale und Liebe'. In: Théatre, nation et société en Allemagne au XVIIIe siècle. Études rassemblées par Roland Krebs et Jean-Marie Valentin. Nancy, S. 91 – 106.

Lightning Source UK Ltd.
Milton Keynes UK
UKHW010806090819
347691UK00002B/607/P

9 783656 447016